AF495020

HOMELIE XIX.

POUR LE VINGT-TROISIÉME

DIMANCHE

D'APRÉS LA PENTECÔTE,

SUR

L'HEMORROISSE.

Par M. le Curé de S. Sulpice de Paris.

A PARIS,
Chez RAYMOND MAZIERES, ruë S. Jacques, prés la ruë du Plâtre, à la Providence.

M. DCCVII.

AVEC APPROBATION ET PRIVILEGE DU ROY.

TEXTE
DU
SAINT EVANGILE
SELON SAINT MATHIEU.

EN ce temps-là, Jesus disant ces choses aux Juifs, voilà qu'un Prince de la Synagogue l'aborda & l'adora, disant: Seigneur, ma fille vient de mourir, mais venez, imposez vostre main sur elle, & elle vivra. Et Jesus se levant le suivit accompagné de ses Disciples: Et voicy qu'une femme qui souffroit depuis douze ans une perte de sang, s'approcha de luy par derriere, & luy toucha la frange de son habit;

car elle disoit en elle mêsme : si je puis seulement toucher son vestement je sray guerie. Mais Jesus s'etant tourné, & l'ayant regardée, luy dit : Ma fille, ayez confiance, vostre foy vous a sauvée ; & dés l'heure même cette femme fut guerie. *En Saint Mathieu ch. 9. v. 18.*

Le reste de cet Evangile a esté expliqué dans l'Homelie precedente.

Voyez aussi l'Evangile de Saint Marc ch. 5. v. 22. & de Saint Luc, ch. 8. v. 41. où le mesme miracle est rapporté avec diverses autres circonstances, mais qui reviennent toutes au mesme point.

HOMELIE DIX-NEUVIE'ME SUR L'HEMORROISSE.

APRE'S avoir éclairé vôtre foy, mes tres-chers Freres, par l'exposition des mysteres renfermez dans l'histoire de cette merveilleuse Femme dont nous honorons aujourd'huy la memoire, il est juste d'édifier vôtre pieté, par la consideration des vertus que nous devons pratiquer, & des pechez que nous devons éviter, dont la maladie & la guérison de cette même femme nous sont un symbole tres-instructif: mais sur tout l'espece d'infirmité corporelle dont elle estoit affligée paroist une figure si naturelle du peché d'habitude, qu'on ne peut dans cette vûë choisir aucune matiere, ni qui convienne mieux à nostre Evangile, ni qui soit plus importante en elle même, ni qui soit de plus grande consequence pour nostre sanctification, & pour nostre salut, que celle-cy.

Premierement, parce que la pluspart des pechez qu'on commet se tournent presque tous en des habitudes vicieuses : dés le premier acte le penchant se forme. C'est une veine qui se rompt; un torrent qui coule; un ulcere qui fluë : comment en arrester le cours ? Comment en dessseicher la source ? Il faut un miracle semblable à celuy de nostre Evangile : *& confestim*
Marc. 5. 27. *siccatus est fons sanguinis ejus.*

Secondement, parce que la pluspart des habitudes qui nous entraisnent dans le peché, sont des habitudes inveterées : les pechez d'une vieillesse corrompuë, sont d'ordinaire les fruits d'une jeunesse dépravée, comme ils en sont la peine ; & la perte de l'innocence dans le pecheur, est souvent de même date que l'usage de sa raison : la molesse, la gourmandise, l'indocilité, la colere, l'impiété, l'orgueil, le libertinage, & divers autres malheureux germes ont commencé de pulluler en luy, quand les bonnes inclinations ont commencé d'y paroistre : le terroir de son cœur a donné naissance au bon grain & aux épines tout à la fois : mais les épines du vice suffoquent sou-
Math. 13. 7. vent le bon grain de la vertu : *simul exortæ spinæ creverunt, ascenderunt, suffocaverunt bonum semen* ; en sorte que si le Confesseur demandoit à un vieux pecheur ce que Jesus-Christ demandoit au pere d'un possedé, depuis quel temps il est sujet à ces désordres, il luy répon-
Marc. 9. 20. droit avec ce pere infortuné : dés l'enfance : *& interrogavit quantum temporis est ex quo ei hoc accidit? At ille ait ab*

Infantia. Et n'eſt-ce pas auſſi ce que nous voyons repreſenté dans cette femme malade depuis douze années ? car le nombre de douze eſt un nombre d'univerſalité : *mulier quæ erat in profluvio ſanguinis annis duodecim.* Je n'eſtois encore qu'un ſi petit enfant, & j'eſtois déja un ſi grand pecheur, diſoit ſaint Auguſtin ; *tantillus puer, & tantus peccator!* Je m'avançois en âge, mais à ma honte, *in dedecus meum creveram ;* parce que les vices me rendoient plus infame, à meſure que les années me rendoient plus grand, *quantò ætate major, tantò vanitate turpior.*

Marc. 5. 25.

C. 7. 1.

Troiſiémement enfin, c'eſt que les pechez d'habitude ſe multiplient à l'infini : ainſi les jureurs de profeſſion, les médiſans, les avares, les vindicatifs, les coleres, & ſur tous les autres, les luxurieux ne ceſſent point d'offenſer Dieu, quand ils ont une fois commencé, l'Apoſtre nous enſeignant que ceux-cy ont les yeux pleins de crimes perpetuels, *plenos adulterii, & inceſſabilis delicti* : & c'eſt en leur perſonne que le Prophete penitent a veritablement dit : J'ay plus commis de pechez que je n'ay de cheveux à la teſte, & qu'il n'y a de grains de ſable à la mer : j'en ſuis ſi accablé que leur poids m'empêche de lever les yeux au ciel.

Au reſte, comme les actions merveilleuſes du Sauveur ne ſe terminoient pas ſeulement à des bien-faits particuliers, & qu'elles regardoient tout le genre humain en general ; que les malades qui ſe preſentoient à luy, auſſi bien que les guериſons qu'il operoit, eſtoient encore plus conſiderables dans ce qu'elles ſignifioient en myſtere, que dans ce qu'elles eſtoient en effet : d'ailleurs que cette fille du Prince de la Synagogue, & cette Hemorroïsse répresentoient le Peuple Juif & le Peuple gentil, ainsi qu'on l'a prouvé cy-dessus par les Peres ; il est certain que ce ne seroit pas assez entendre l'Evangile, que de se borner à la seule écorce de la maladie & de la guerison de l'Hemorroïsse d'aujourdhuy, & à son application au peché habituel, si on ne s'élevoit encore plus haut, si on ne creusoit encore plus avant, afin d'appercevoir dans le peché habituel d'un chacun, la maladie generale de tout le genre humain, & son penchant au mal, avant la venuë du céleste Medecin, & l'usage du remede qu'il nous a apporté.

Dans cette vûë si instructive & si relevée qui nous apprend une des principales veritez de la Religion, en nous découvrant le fonds & de nostre corruption & de nostre redemption, étudions l'Evangile de ce jour, & nous y trouverons trois choses dignes d'estre méditées.

1°. La grandeur de la maladie dont cette Femme estoit travaillée.

2°. L'inutilité des remedes dont elle s'estoit servie pour se procurer la guerison.

3°. Les excellentes & heroïques dispositions qu'elle apporta pour l'obtenir du souverain Medecin : & dans ces trois observations nous y verrons, 1°. La grandeur de l'ancienne maladie du genre humain que le peché habituel renouvelle en nous, quand il s'y forme. 2°. Les vains efforts de l'homme pour se guerir de cette vieille corruption. 3°. Les remedes souverains que le

Sauveur

Sauveur nous présente pour recouvrer & réparer nostre santé perduë : Veritez que nous allons expliquer en exposant l'Evangile de ce jour.

PREMIERE CONSIDERATION.

Combien grande estoit la maladie du genre humain avant la venuë du Sauveur, & combien l'est encore celle que cause en nous le peché habituel, l'une & l'autre figurées par celle de l'Hemorroïsse.

Quatre choses concourent à faire voir la grandeur d'une maladie. 1°. La foiblesse du malade. 2°. La nature de la maladie. 3°. La rigueur des souffrances. 4°. La longueur du temps. Or ces quatre circonstances qui se rencontrent réunies dans cette pauvre infirme d'aujourd'huy meritent d'estre examinées. 1°. La foiblesse de la personne malade ; c'estoit une femme, dénuée naturellement de force, de vigueur, de fermeté : & une femme délicate, estant riche & de qualité, dit saint Chrysostome, *mulier opulenta*, comme il paroist, & par la multitude des Medecins & des remedes dont elle avoit usé, & par la dépense notable qu'elle fit pour élever une statuë à Jesus-Christ en reconnoissance de la guerison qu'elle en avoit reçuë. *Tenera mulier & delicata*, dit l'Ecriture, pour donner l'idée de ce sexe peu robuste, & moins capable ordinairement des grandes souffrances que les hommes. *Et ecce mulier.* Deuter. 28 56.

2°. La nature de la maladie est une autre raison

pour en connoiſtre la grandeur. C'eſtoit une eſpece d'infirmité continuelle tres-incommode, & tres-fâcheuſe : infirmité qui détruit l'embonpoint, qui fait perdre les forces, le courage, le repos, l'appetit, le ſommeil, qui même dans l'ancienne Loy éloignoit de la participation des choſes ſaintes, & rendoit la malade immonde & prophane, auſſi bien que les perſonnes qui l'approchoient, & les choſes qu'elle touchoit, *mulier quæ erat in fluxu ſanguinis.*

3°. Les ſouffrances qu'on endure ſont encore d'autres accidens qui rendent le mal plus inſupportable, & plus violent, ſur tout à une malade déja épuiſée

L. 3. de Virg. fin. *mulier fatigata, & ægra*, dit ſaint Ambroiſe, telle qu'étoit cette femme; elle ſe ſentoit extremement tourmentée par diverſes douleurs aiguës, & vives, cauſées par cette humeur maligne qui s'aigriſſoit dans toute l'habitude de ſon corps abbatu, & attenué par l'amertume des remedes, & par les operations de la Medecine : *Et ecce mulier quæ patiebatur, & fuerat multa perpeſſa à compluribus medicis.*

4°. La longueur de la maladie la rend encore plus chagrinante, & plus triſte, on ſe laſſe à la fin de ſouffrir, *nemo diu fortis eſt*, dit ſaint Ambroiſe. Il y avoit douze ans que cette pauvre malade languiſſoit ſans relaſche; ſon mal, loin de diminuer, croiſſoit de plus en plus, elle n'y voyoit ni fin ni terme, elle ne pouvoit ni vivre ni mourir, elle s'affoibliſſoit de jour en jour, elle avoit perdu toute eſperance de guerir : *& ecce mulier quæ ſanguinis fluxum patiebatur duodecim annis, & deteriùs habebat.* Mais toute cette maladie exterieure n'étoit que l'image de la maladie interieure où le peché ancien avoit reduit le genre humain avant la venuë de ſon divin Liberateur, de ſon celeſte Medecin : elle exerçoit ſur l'ame de l'homme les meſmes rigueurs, que cette maladie exerçoit ſur le corps de cette femme languiſſante : ſurquoy il eſt bon de rappeller icy quatre choſes priſes de la doctrine des Peres & prouvées au long cy deſſus. 1°. Que la fille du Prince de la Synagogue repreſentoit le peuple Juif, & l'Hemorroiſſe le peuple gentil. 2°. Que comme celle là eſtoit venuë au monde lorſque celle-cy eſtoit devenuë malade, ainſi la Synagogue avoit commencé de ſe former par un culte legitime, lorſque la gentilité avoit commencé de ſe corrompre par un culte idolatre. *Nota*, dit ſaint Jerôme ſur cet endroit, *quòd eo tempore Hæmorroiſſa, id eſt gentium populus, cœperit ægrotare, quo gens Judæorum credidit.* 3°. Qu'au même temps que la fille de ce Prince eſtoit morte, l'Hemorroiſſe avoit recouvré la ſanté, parce que l'Egliſe des Gentils avoit recouvré la foy, lorſque la Synagogue l'avoit perduë. *Quamdiù Synagoga viguit, laboravit Eccleſia : quamdiù illa credebat, iſta non credidit : defectus illius, hujus eſt virtus.* C'eſt ſaint Ambroiſe ſur ce meſme endroit. 4°. Que cette frange ou extremité de la robe du Sauveur, dont le ſeul attouchement guerit l'Hemorroiſſe, eſtoit comme les reſtes de la prédication évangelique preſentée d'abord avec la magnificence d'un veſtement pompeux au peuple Juif, qui l'ayant rebuttée, a eſté reçue en dernier lieu avec foy par le peuple gentil, lequel l'a ramaſſée avec reſpect comme de precieux reſtes du festin des enfans, & lesquels luy ont apporté la guerison & le salut: cette doctrine toute mysterieuse supposée, il est aisé de voir dans les quatre symptomes corporels qui agitoient cette femme malade, les quatre symptomes spirituels qui tourmentoient la nature humaine, dont l'Hemorroïsse estoit l'image. En effet, 1°. Quelle estoit la foiblesse & l'impuissance de l'homme à se relever de sa chûte, & à se guerir des infirmitez où le péché l'avoit réduit? A quoy avoient servi tous les raisonnemens des Philosophes, & tous les preceptes mêmes de la Loy, si vous en exceptez quelques Juifs, déja Chrestiens par avance? *In terris jacebat grandis ægrotus*, dit saint Augustin, ou, comme il s'exprime ailleurs, *ægrotat humanum genus, non morbis corporis, sed peccatis: jacet toto orbe terrarum ab oriente usque ad occidentem grandis ægrotus: ad sanandum grandem ægrotum descendit omnipotens Medicus.* En second lieu, combien la maladie du genre humain estoit-elle grande! C'estoit l'idolatrie, le plus détestable des maux, l'opprobre de la raison humaine, la dépravation de toute la nature, & son assujetissement à la servitude du Diable, que l'homme adoroit comme son Dieu: quelle phrenesie effroyable! 3°. D'ailleurs que ne souffroit point l'homme, de quels vices n'estoit-il pas tourmenté, dans quelles abominations n'estoit-il pas plongé pour lors? 4°. Enfin que de siecles s'estoient écoulez depuis les premiers accez de son mal! Jamais y en eut-il un plus long & plus inveteré que celuy-là? Mais pourquoy regarder ces malheurs comme des choses passées? Ne les voit-on pas

Hom. 59 de verb. Do.

renaître encore tous les jours dans le peché habituel ? Car premierement quelle foibleſſe n'éprouve pas un pecheur d'habitude ? Sur tout ſi c'eſt une habitude ſenſuelle qu'il ait contractée, & dont les perſonnes du ſexe ſont ordinairement l'occaſion, comme celle d'aujourd'huy nous en eſt la figure.

Car au reſte, une femme n'eſt point une femme quand elle ſurmonte le vice, & un homme n'eſt point un homme quand il ſe laiſſe ſurmonter au vice : ce n'eſt point le ſexe, c'eſt la vertu qui fait l'homme, & la vie molle du voluptueux le dégrade du rang & de la qualité honorable d'homme, pour le mettre au rang des effeminez, ſelon cette parole du Livre de Job : *& vita eorum inter effeminatos.* [36 14.] Saint Auguſtin écrivant à ſaint Paulin, le felicite ſur la ſolide pieté de ſon Epouſe, qui loin de l'amolir dans la pratique de la vertu la plus ſevere, le fortifioit au contraire dans un ſi genereux deſſein. *Ibi conjux, non dux ad mollitiem viro ſuo, ſed ad fortitudinem.* [Epiſt. 27 al. 23.] Et il ajoûte que cette pieuſe femme ceſſant d'eſtre chair, eſtoit retournée dans cet os du premier homme dont elle avoit eſté tirée ; *redux in oſſa viri.* Sainte Perpetuë ſur le point d'aller au martyre eut une viſion dans laquelle il luy sembla que pour ſoûtenir un auſſi rude combat contre le demon, elle eſtoit devenuë un homme : *& expoliata ſum, & facta ſum maſculus.* [Act. Mart.] Mais voulez-vous voir un homme devenu une femme ? Ecoutez ſaint Auguſtin affoibli par ſes mauvaiſes habitudes, & bien plus femme que non pas homme. Je déliberois, diſoit il, ſi je garderois le célibat, ou ſi je m'engage-

rois dans le mariage: je sçavois que l'Apostre m'exhortoit au premier, mais qu'il ne me défendoit pas le second; & moy infirme & lasche que j'estois, je n'avois pas honte de me mettre au dernier rang: *sed*
C. 8. 1. *ego infirmior eligebam molliorem locum.* Je voyois un nombre infini & de venerables Veuves, & de Vierges âgées, toutes brillantes de chasteté, *& graves Viduæ &*
C. 8. 11. *Virgines anus*, qui me couvroient de confusion, & qui sembloient me dire comme en se mocquant de moy: quoy un homme fort comme vous ne pourra pas ce qu'un enfant infirme, ce qu'une foible fille peut? *Tu non poteris quod isti, quod istæ?* Mais helas! une coustume ancienne qui s'estoit renduë maîtresse de moy, me dominoit, *consuetudo adversum me pugnatior*: & j'en estois venu sans le vouloir, à ne plus pouvoir ce que je voulois: *quoniam volens quò nollem perveneram.* Telle est la foiblesse déplorable de celuy que la maladie du peché d'habitude retient dans le lit de son infirmité. Ce n'est plus un homme, c'est une femme, & une femme plus foible que celle de nostre Evangile, *mulier.*

II°. La nature de la maladie en découvre la grandeur, celle d'aujourd'huy estoit d'une espece tres grieve & tres-pernicieuse: elle infectoit toute l'habitude du corps, dont la substance s'écouloit perpetuellement avec le sang principe de la vie, de la chaleur & du mouvement: & laissoit la malade dans une langueur mortelle: *mulier quæ erat in profluvio sanguinis.*

Telle est l'image du peché d'habitude: c'est une source qui ne tarit point; un épanchement qui ne se resserre point; une débilité qui ne se retient point:

un penchant qui ne se contient point : toute l'ame se répand dans des affections basses & terrestres : *tota effusa in terrenos affectus, quod significat sanguine fluens* : dit saint Jerôme sur cet endroit. Voilà le malheureux état de la gentilité, selon ce Pere, & selon saint Ambroise, avant que le céleste Medecin l'eût guerie ; *quæ inferiorum lapsu criminum deperibat* : du cœur corrompu s'écoule sans cesse le pus d'une habitude vicieuse, & les crimes en sortent toûjours les uns sur les autres, comme les flots d'un fleuve rapide. Ecoutons Jesus-Christ luy-même : c'est du cœur, dit ce divin Sauveur, que sortent continuellement les pensées corrompuës, *de corde enim exeunt malæ cogitationes* ; les impudicitez, les fornications, les adulteres, *impudicitiæ, fornicationes, adulteria*. Les larcins, les homicides, les faux témoignages, l'avarice, la méchanceté, la tromperie, le blasphéme, l'orgueil, *furta, homicidia, falsa testimonia, avaritiæ, nequitiæ, dolus, blasphemia, superbia* : ce sont les eaux bourbeuses qui coulent de cette source empoisonnée. *Omnia hæc mala ab intus procedunt*. Ce sont les épanchemens qui soüillent l'homme : *hæc sunt quæ coinquinant hominem* : & tel est ce pus que la mauvaise habitude jette au dehors sans discontinuation & dont elle infecte le pecheur : *qui assiduè dilabitur, & præcipiti lapsu ad res turpes corruit*, dit saint Cyrille. De là cette prodigieuse multiplication de pechez, sur tout si c'est une habitude d'impureté, dont cette maladie, ou plustost cette soüillure corporelle, est la vraye image : à peine le jureur blasphéme-t-il une fois le jour ; à peine l'intemperant s'enyvre-t-il une fois la semaine ;

à peine le voleur dérobe-t-il une fois le mois ; à peine l'impie fait il un sacrilege une fois l'an ; à peine le vindicatif commet-il un homicide une fois en sa vie ; mais pour le luxurieux d'habitude, il peche sans cesse, en pensées sales, en desirs impurs, en paroles lascives, en actions deshonnestes, en regards immodestes : les personnes, les habits, les tableaux, les livres, tout ce qu'il voit, tout ce qu'il touche, en un mot tout se convertit pour luy en occasion, en venin, en objet dangereux, en lepre spirituelle : le sommeil même, n'est souvent pas innocent pour luy, & cette maladie ne luy donne repos ni jour ni nuit : c'est une foule d'iniquitez qui coulent de source, *siccatus est fons sanguinis ejus*. Peut on voir une plus grande infirmité que celle de nostre malade, si on la considere & dans ce qu'elle estoit en elle même, & dans ce qu'elle représentoit ?

III°. Mais que sera ce si on la considere par rapport aux souffrances qui l'accompagnoient ? Combien cette maladie luy causoit-elle de douleurs ? *Mulier patiebatur.* Nulle partie de son corps qui ne fût affligée. Combien les Medecins l'avoient-ils tourmentée ? *Et fuerat multa perpessa à compluribus Medicis* ; la multitude & des remedes & des Medecins & des operations n'avoient servi qu'à accroistre ses maux ; *& deterius habebat, seu addiderant dolores*, comme porte une version. Tel est le sort spirituel d'un vieux pecheur : que ne souffre-t-il pas de la tyrannie d'une mauvaise habitude ? Quels reproches sanglans ne se fait-il pas à luy-même ? Mourrai-je dans mon peché ? N'ay-je pas honte

honte de la vie que je mene ? Ne crains-je point enfin de combler ma meſure ? Ne ſuis-je point las d'offenſer Dieu ? S'il tonne, il croit que c'eſt à luy que le tonnerre en veut. S'il arrive quelque maladie populaire, il s'imagine qu'il en ſera frappé. Un glaive vengeur le menace de toutes parts, *circumſpectans undique gladium* : il voit ſa reputation perduë, ſa ſanté ruïnée, ſes biens diſſipez, ſes forces uſées : il peche ſouvent ſans y trouver de plaiſir, ſans y être porté par la tentation, ſans y être ſollicité par aucun objet ; mais par la ſeule impulſion de la coûtume ; *ſine pruritu concupiſcentiæ, ſine impetu deſiderii, ſola conſuetudine trahitur ad illicita.* Vray fils d'Adam, il ne peche que parce qu'il veut pecher : *de ſupplicio liberioris peccati, quia eram filius Adam*, diſoit S. Auguſtin : Telle eſt la juſte punition de celui qui ſecouë le joug leger du Seigneur, pour s'impoſer le joug peſant du libertinage : car lorſque l'homme, ſeduit par le faux amour de l'independance, & pretendant être ſon maître, ſe retira de la ſujetion de ſon Créateur, & qu'il ſe vit livré à luy-même, il s'étonna de voir que par ſa rebellion il n'étoit pas devenu ſon maître, & qu'il étoit poſſedé, par celui même qui l'avoit trompé, ajoûte ailleurs le même Pere : *poſtea quàm homo noluit ſervire Deo, & donatus eſt ſibi, ut poſſit ſaltem poſſidere ſe, ſed ab eo poſſeſſus à quo deceptus* : peut-on être plus malheureux, peut-on ſouffrir davantage ? ah ! combien les peines d'eſprit l'emportent-elles par deſſus les peines du corps ? cette frayeur des jugemens de Dieu, d'une mort ſubite, d'un jugement rigoureux,

c. 8. 10.

De Verb. Dom. Ser. 128. c. 6.

d'un ſupplice éternel, & toutes les autres veritez effrayantes de la religion que l'on craint, quand même on ne les croiroit pas, ne laiſſent pas de tourmenter également le pécheur incredule ou fidele : quel renverſement eſt celui-cy, de craindre ce qu'on ne croit pas, ou de ne pas craindre ce qu'on croit ? de faire ce qu'on ne voudroit pas, & de ne pas faire ce qu'on voudroit ?

IV. Enfin cette pauvre Dame étoit d'autant plus à plaindre, que ſon mal étoit inveteré, c'étoit une vieille maladie qui la minoit, & il y avoit douze années qu'elle ſouffroit : *& ecce mulier quæ ſanguinis fluxum patiebatur duodecim annis.* Surquoi il eſt bon d'obſerver icy, qu'on ne peut voir, un rapport plus naturel que celui de l'état corporel de cette malade, avec l'état ſpirituel de S. Auguſtin, lorſqu'il étoit engagé dans le peché habituel : elle avoit langui depuis douze ans dans une infirmité corporelle, qui l'avoit reduite à l'extremité ; ſaint Auguſtin avoit gemi pendant douze ans, ſous la tyrannie d'une mauvaiſe habitude, qui l'avoit preſque reduit au deſeſpoir ; l'une & l'autre ne pouvoit guerir par défaut de force ou de volonté, & leur mal croiſſoit de jour en jour : *quoniam*
c. 8. 7. *duodecim mei anni mecum effluxerunt, ex quo ab undevice-ſimo anno ætatis meæ, excitatus eram ſtudio ſapientiæ, & differebam, contempta felicitate terrena ad eam inveſtigendam vacare :* l'un étoit infirme ſelon le corps, & l'autre ſelon l'eſprit ; & le mal inveteré de tous les deux, étoit devenu comme incurable : en effet, qui peut guerir un pecheur obſtiné, un cœur endurci, un ſourd vo-

lontaire, qui ſemblable au ſerpent bouche une de ſes oreilles avec de la terre, c'eſt-à dire, avec le marc de ſes inclinations baſſes, & l'autre avec ſa queuë, c'eſt-à-dire, avec ſa longue habitude, pour ſe défendre contre les ſages avis de ceux qui pourroient l'enchanter, & l'obliger de ſortir de ſa taniere ſombre? Heli, ſouverain Preſtre des Juifs, avertit ſes enfans tombez dans le deſordre de la gourmandiſe, de l'impudicité & de l'impieté, il leur repréſente l'énormité de leur crime, & de la grandeur des châtimens qui le ſuit : il les menace de la colere de Dieu : mais inutilement: dés leur jeuneſſe ils avoient contracté ces mauvaiſes habitudes, ils ne daignent pas ſeulement écouter les remontrances de leur pere, *& non audierunt vocem patris ſui :* & ils periſſent dans leur peché. *1. Reg. 3. 25.*

Mais combien le peché du genre humain eſtoit-il inveteré? ſa maladie n'étoit pas moins ancienne que le monde, & il ne falloit pas un moindre Medecin que Jeſus-Chriſt pour guerir un mal ſi opiniâtre & ſi enraciné : toute autre main & tout autre remede, loin de rendre la ſanté, n'auroit ſervi qu'à irriter le mal & qu'à tourmenter le malade, & le Sauveur ſeul, ſource de toute juſtice, pouvoit arrêter cette ſource de toute iniquité qui infectoit la terre : il falloit oppoſer une ſource à une ſource : *& confeſtim ſiccatus eſt fons ſanguinis ejus :* il pouvoit ſeul, pour nous rendre la ſanté, prendre ſur luy nos infirmitez, & ſe charger de toutes nos langueurs, afin de nous en meriter la délivrance : mais au reſte, nous devons, dit S. Auguſtin, bien plus admirer que Dieu ſe ſoit fait hom- *Mat. 8. 17.*

me pour nous, que tout ce que ce Dieu homme a fait parmi nous : *magis mirari debemus quia Dominus homo factus est, quàm quod divina inter homines Deus fecit* : nous devons plus le remercier de ce qu'il a gueri les vices de nos ames immortelles, que de ce qu'il a gueri les maladies de nos corps mortels: *plus quod vitia sanavit animarum nostrarum, quàm quod sanavit languores corporum moriturorum.*

Trac. 18. in Joan. init.

SECONDE CONSIDERATION.

Combien inutiles avoient été les remedes dont-on s'étoit servi pour guerir le genre humain, figuré par ceux qu'avoit employez l'Hemorroisse pour se guerir elle-même, & qu'on employe assez souvent pour se guerir du peché habituel.

La malade d'aujourd'hui n'avoit rien obmis pour recouvrer la santé. Elle avoit appellé tous les Medecins, épuisé tous les remedes, consumé tout son bien : le mal avoit surmonté les forces de la nature, les regles de l'art, le desir du guain ; c'étoit une maladie inveterée, une maladie incurable, dit Saint Ambroise, *passio inveterata, passio immedicabilis, quæ & artis omnem vicerat excogitationem, & pecuniarum subministrationem.*

L. 3. de virg. fin.

Examinons ces circonstances, & voyons comment elles se trouvent spirituellement dans un pecheur d'habitude.

Premierement cette malade avoit souffert beaucoup : *fuerat multa perpessa* ; que ne souffre pas le pecheur d'habitude? que de remords de conscience? de reprehenſions du côté des hommes? de menaces de la part de Dieu? de dégoût du côté du vice? que de chagrins de ſe voir eſclave de ſes paſſions les plus honteuſes, & de ne pouvoir ſe retirer d'une ſi dure captivité! vous voyez, dit S. Auguſtin, que vous faites des actions mauvaiſes, des crimes deteſtables: *Vides quàm malè facias, quàm deteſtabiliter:* cependant vous les faites: *& facis tamen:* vous pechâtes hier, vous pecherez aujourd'hui; il ſemble que vous alliez moins dans les routes du vice que vous n'y êtes entraîné: *feciſti heri, facturus es hodie; unde raperis? quis te captivum trahit?*

2°. En ſecond lieu, la multitude des differens Medecins, avoit été à cette malade un ſurcroît de ſouffrances, l'un ordonnant ce que l'autre défendoit: celui-cy enſeignant un remede, & celui-là un autre: chacun d'eux prenant des routes differentes, & le dernier venu détruiſant ce que le precedent avoit fait: *& fuerat multa perpeſſa à compluribus Medicis:* de nouvelles methodes tous les jours, de nouveaux remedes, de nouvelles operations. Tel eſt le pecheur d'habitude, qui ſent ſon mal, & qui cherche du ſecours: il s'adreſſe à divers Medecins ſpirituels, il conſulte tantôt un Prêtre, tantôt un Religieux; il déclare la maladie de ſon ame à divers Miniſtres du Seigneur: mais combien cette déclaration lui coûte-telle? que de confuſion, que d'angoiſſes, & que d'expreſſions obſcures, que de circonſtances honteuſes qu'il n'oſe expliquer, & qui luy font également de la peine & à retenir & à dire? d'ailleurs ces Medecins ſpirituels n'ont pas toûjours les mêmes principes ; l'un enjoint d'abord des penitences rigoureuſes, & des œuvres ſatisfactoires difficiles, il ordonne la retraite, il retranche toutes ſortes d'occaſions , il s'attache aux regles d'une morale ſevere ; mais la foibleſſe & la mauvaiſe ſanté du malade y ſuccombent , les engagemens indiſpenſables de la vie , de la condition, des emplois, ne peuvent ainſi ſe rompre : l'autre uſe de moyens plus doux , il eſpere que les reflexions, les lectures, le temps, la condeſcendance , ſeront plus utiles au malade : & les uns & les autres travaillent en vain. Le torrent de la mauvaiſe habitude l'emporte par-deſſus toutes les digues qu'on luy oppoſe , *nec quicquam profecerat.*

3°. Troiſiémement, tant de remedes & tant de Medecins , avoient coûté beaucoup à la malade , elle avoit conſumé tout ſon bien pour ſe guerir , & cela ſans amendement : *in medicos erogaverat omnem ſubſtantiam ſuam , omnia ſua :* ainſi le pécheur d'habitude épuiſe ſouvent ſes forces, ſes conſultations , ſes déclarations , ſes penſées, & n'en reçoit aucun profit ; il n'a que du dégoût pour les alimens ſpirituels, de la foibleſſe pour les actions de vertu , de l'incredulité pour les Myſteres ; de quelque côté qu'il ſe tourne , il ne ſent que des inquietudes & jamais de repos : *verſa & reverſa in tergum & in ventrem , & in latera , & dura ſunt omnia* , dit S. Auguſtin ; il n'éprouve que des chagrins , & des ennuis : ſes forces , ſon bien, tout diminuë en lui, & comme un vrai enfant prodigue il diſſipe ſa ſubſtance , *diſſipavit ſubſtantiam ſuam vivendo luxurioſè*, ſans pouvoir ſe contenter.

4°. Quatriémement, l'opiniatreté du mal n'avoit pû être ſurmontée : nul ſoulagement de tant de Medecins ; au contraire elle ſe trouvoit en bien plus mauvais état qu'auparavant de s'être miſe entre leurs mains : *nec ab ullo potuit curari, nec quicquam profecerat, ſed magis deterius habebat :* ainſi le pecheur habituel ne tire aucun profit de tous les remedes ſpirituels : les rechutes frequentes, les Sacremens prophanez, les habitudes fortifiées, la diminution des graces, l'augmentation des tentations rendent ſon état toûjours plus fâcheux, & ſa gueriſon plus difficile, & en luy s'accomplit cette parole de nôtre celeſte Medecin, *& fiunt noviſſima hominis illius pejora prioribus :* il en fut de même du genre humain : d'abord, comme dans ſa jeuneſſe, il ſe perdit par la ſenſualité, toute chair corrompit ſa voye ; enſuite par l'orgueil, ce ne furent que Heros, que Conquerans, que demi Dieux ; enfin, par l'idolâtrie, il oublia ſi bien qu'il étoit l'ouvrage des mains de Dieu, qu'il crut que Dieu pouvoit bien devenir à ſon tour l'ouvrage des ſiennes. Tous ces grands Legiſlateurs, ces Philoſophes ſuperbes, ces Sages du ſiecle, qui promettoient à leurs diſciples une vie heureuſe & libre de paſſions, loin de le redreſſer, l'avoient jetté dans de nouveaux abîmes d'orgueil & d'impieté.

Ainſi l'homme habitué dans le crime, avoit éprouvé, comme il l'éprouve tous les jours, les trois degrez de l'iniquité, dont parle le Pſalmiſte : *Beatus vir qui non abiit in concilio impiorum, & in via peccatorum non stetit, & in cathedra pestilentiæ non sedit*; il va premierement dans la voye du peché par un acte deliberé, *abiit actu*: en second lieu, il s'y arrête par une affection volontaire, *stetit affectu*; & enfin il s'y asséoit par une habitude formée, *sedit habitu*: de cette sorte il va toûjours de mal en pis. S. Pierre nie d'abord de connoître Jesus-Christ: *non novi hominem*: ensuite il jure qu'il ne le connoît pas: *negavit cum juramento*: en dernier lieu, il fait des imprécations, *cœpit detestari & anathematisare*, qu'il ne sçait ce qu'on lui veut dire.

5°. Saint Augustin a observé que l'Evangile fait mention de trois morts ressuscitez par Jesus-Christ: la fille du Prince de la Synagogue, le fils de la veuve de Naïm, & Lazare. La premiere ne venoit que d'expirer, c'est le pecheur qui sort de commettre un crime: on portoit le second en terre, c'est le pecheur qui s'avance dans la voye de la perdition: le troisiéme étoit mort depuis quatre jours, & son cadavre sous une tombe sentoit mauvais: c'est le pecheur enfoncé dans le crime, ayant sur soy le poids d'une habitude invetetée, & dont le vice est à scandale à tout le monde. Que de larmes & de cris ne faut-il pas pour le ressusciter? *noli in sepulchrum venire*, dit ce Pere, *moles enim imposita sepulchro ipsa est vis dura consuetudinis qua premitur anima: nec resurgere nec respicere permittitur, & qui supra se habet consuetudinis pondus, moles eum terrena multum premit, consuetudine sua nimium prægravatur.* Quel est cet état que Jesus-Christ figure par des miracles, qu'il déplore par des larmes, qu'il repare par des cris?

6°. Rien

6°. Rien ne montre mieux la ſouſtraction & la diminution des ſecours divins à l'égard d'un pecheur qui depuis long-temps abuſe des graces, que l'exemple de ces trois morts reſſuſcitez : car dans le premier, la jeune fille du Prince de la Synagogue eſt morte à la verité, elle vient d'expirer ; mais il ſemble que ſon ame eſt encore ſur ſes levres, on ne l'a pas ſortie de la maiſon paternelle; le pere & la mere ſont preſens : *filia mea modò defuncta eſt.* C'eſt le premier peché commis ; on eſt mort, mais on eſt encore dans l'Egliſe, & le Seigneur n'a pas diſparu. Le fils de la veuve Naïm eſt mort depuis quelque temps, il eſt déja hors la ville, on le porte en terre ; le pere n'y eſt pas, mais la mere ſuit le défunt, & pleure avec les fideles; c'eſt le ſecond pas dans le vice, le Seigneur s'eſt retiré du pecheur qui s'eſt retiré de luy, & qui s'avance dans le chemin large qui conduit à l'enfer, l'Egliſe & les fideles ne l'ont pas encore perdu de vûë, ils prient pour luy. Le Lazare mort depuis quatre jours, infect & corrompu, eſt un vieux & ſcandaleux pecheur dont le Seigneur s'eſt retiré : auſſi le pere & la mere ne paroiſſent pas, il n'y a que quelques perſonnes charitables qui l'aident par leurs ſuffrages.

7°. Rien non plus ne fait voir davantage la force des mauvaiſes habitudes, que cette parole du Sage: L'impie eſt arreſté dans les liens de ſes iniquitez, *iniquitates ſuæ capiunt impium* : il eſt comme garotté dans les chaînes de ſes pechez : *& funibus peccatorum ſuorum conſtringitur* : il eſt lié ſucceſſivement par les langes de Pro 5. 22.

ſon enfance, par les cheveux de ſa jeuneſſe, par les cordes de ſa vieilleſſe ; car le texte original porte ces trois ſortes d'attaches convenables aux trois âges de l'homme : *faſciis*, *criniculis*, *funibus* : l'eſclavage croît avec l'âge, & à meſure qu'on devroit être plus libre, on devient plus eſclave. Quel moyen de rompre ſes fers ?

8°. D'ailleurs rien ne prouve plus la foibleſſe & l'impuiſſance du pecheur d'habitude à ſe relever de l'état où il eſt, que ſa propre experience : ſa confiance en toute autre choſe va juſqu'à la préſomption : il ſe flate de la miſericorde divine, du pardon de ſes crimes, d'un temps ſuffiſant pour faire penitence, d'une longue vie : il ſe promet la grace, la contrition, une bonne mort, tandis que les plus grands Saints tremblent dans l'incertitude de toutes ces choſes : mais pour rompre une mauvaiſe habitude, pour refrener une paſſion dominante, un pecheur d'habitude vous avoüe de bonne foi qu'il ne croit pas que cela luy ſoit poſſible, & il deſeſpere d'en pouvoir jamais venir about : ſemblable à ces Juifs envieillis dans le crime, que Jeremie exhortoit à la penitence, les menaçant de la part de Dieu d'un châtiment terrible & prochain,
Jer. 18. 11. s'ils ne la faiſoient : *Nunc ergo dic viro Juda, & habitatoribus Jeruſalem, dicens : hæc dicit Dominus : ecce ego fingo contra vos malum, & cogito contra vos cogitationem, revertatur unuſquiſque à via ſua mala, & dirigite vias veſtras & ſtudia veſtra* : mais ces endurcis dans leur peché luy répondoient : Nous n'en ferons rien, nous deſeſperons de nôtre converſion, & nous ſuivrons le

penchant de nos anciennes habitudes : *qui dixerunt, deſperavimus, poſt cogitationes noſtras ibimus, & unuſquiſque pravitatem cordis ſui mali faciemus.*

9°. Une vieille & enracinée coûtume eſt une ſeconde nature, dont on ne peut preſque ſans un miracle ſe dépoüiller: *conſuetudo, quædam eſt altera natura*, dit S. Bernard, on ceſſe d'eſtre homme, ce qu'on étoit par la nature & on devient une nouvelle choſe par l'habitude, qui donne comme un autre être ; c'eſt pourquoi l'Ecriture ſupprime le nom de la femme d'aujourd'hui, & nous ne la connoiſſons que par le nom de ſa maladie ; c'eſt un poids dont on ſurcharge un homme déja peſant par luy-même, qui ne ſçait pas nager, & qui ſe voit dans une eau profonde; car au poids naturel, on ajoûte une inclination acquiſe : pouvant dire avec le Prophete penitent, mais qui ſentoit ce double poids : Mes iniquitez m'ont courbé vers la terre, & comme un fardeau peſant elles m'entraînent en bas : *curvatus ſum uſque in finem : & iniquitates meæ ſicut onus grave gravatæ ſunt ſuper me :* de là vient que l'habitude ôtant du peché la crainte de le commettre, l'horreur du mal, la turpitude, la honte, l'amertume, le remords, le ver de conſcience & les autres dégoûts, & chagrins qui ſe font ſentir au pecheur dans les commencemens ; on ſe familiariſe avec le peché, on peche frequemment, facilement, avec ardeur, on peche avec plaiſir, ainſi qu'il arrive dans toutes les choſes qu'on fait par habitude; quel moyen donc de ſe corriger ? de quelle grace du Seigneur n'a-t-on pas beſoin ? combien doit-on la demander à Dieu, & pour extirper ses habitudes anciennes, & pour n'en pas contracter de nouvelles?

I°. Les comparaisons dont l'Ecriture & les Saints Peres se servent nous découvrent de plus en plus cette verité. Une mauvaise habitude est, selon eux, une liqueur tres-noire tombée sur une étofe parfaitement blanche: qui luy redonnera son premier lustre? dit S. Jerôme: *difficulter eraditur quod rudes animi perbiberunt:* Epist. ad Lav. *lanarum conchilia quis in pristinum candorem revocet?* C'est un vieux arbre courbé, qui le redressera? dit le Sage, *proverbium est, adolescens juxta viam suam, etiam cùm* Pro. 22. 6. *senuerit, non recedet ab ea:* c'est une peau d'Ethiopien, & de Leopard, qui en effacera la noirceur & les taches, dit le Prophete? *Si mutare potest Æthiops pellem suam,* Jerem. 13. 23. *aut pardus varietates suas, & vos poteritis benefacere, cùm didiceritis male:* c'est une corruption laquelle a penetré jusques dans la moëlle des os, quel remede à un mal si inveteré? *ossa ejus implebuntur vitiis adolescentiæ* Job. 20 11. *ejus, & cum eo in pulvere dormient*, lisons-nous dans le livre de Job.

II°. Quand les Medecins ont éprouvé tous leurs remedes, & épuisé tous les secrets de leur art sans aucun succez, au contraire que le mal en devient pire, ils le jugent incurable, ils se retirent, & ils abandonnent le malade, ainsi qu'il étoit arrivé à l'Hemorroisse d'aujourd'huy, & qu'il arrive à un vieux pecheur d'habitude: les livres sacrez, la doctrine de l'Eglise, les predications, les remontrances & les corrections; les menaces, les bons exemples, les Sacremens, les graces interieures, les lumieres dans l'eſprit, les mouvemens dans la volonté, la force & la facilité de faire le bien, tout cela ne lui a ſervi de rien: *ſed deterius habebat*: ces remedes ſe ſont changez en poion, il en eſt devenu plus malade, il a multiplié les ſpechez, que fera l'Egliſe? elle n'a pas d'autres moyens de ſalut à lui preſenter d'autre parole à lui precher, d'autres Sacremens à lui adminiſtrer: *Curavimus Babylonem, & non eſt ſanata, derelinquamus eam.* Cependant que le malade ne deſeſpere point; rien n'eſt impoſſible au celeſte Medecin: *omnipotenti medico nihil eſt inſanabile*, dit S. Auguſtin, plus le mal eſt grand, plus la gloire du Medecin qui le guerira ſera-t-elle grande: *magna enim gloria Medici eſt, quando ex deſperatione convaleſcit ægrotus*, ajoûte ailleurs le même Pere: & puiſque la maladie corporelle de l'Hemorroiſſe, eſt la figure de nos maladies ſpirituelles, demandons que ſa gueriſon ſoit le modelle de la nôtre, & que nos diſpoſitions ſoient une imitation des ſiennes.

Jerem. 51. 9.

In Pſ. 59. fin.

in P. 45. init.

TROISIE'ME CONSIDERATION.

Que les diſpoſitions de l'Hemorroiſſe à la ſanté ont figuré les les diſpoſitions du genre humain à la foi, & du pecheur d'habitude à la converſion.

Les vertus que cette malade fit éclater dans le recouvrement de ſa ſanté étant tres-parfaites, & les choſes parfaites étant rares; loin que la prompte gueriſon affoibliſſe ou diminuë ce qu'on a dit de la difficulté que reſſent un pecheur d'habitude à ſa conversion, elle en est au contraire une nouvelle preuve, puisque dés-là qu'une chose est rare, & qu'elle ne s'accorde qu'à des dispositions heroïques, on peut la mettre au nombre de celles qui sont tres difficiles. Voyons donc ces dispositions édifiantes de l'Hemorroisse.

1°. Sa fidelité à la grace prévenante; car si le celeste Medecin ne luy eût le premier inspiré la pensée de recourir à ses remedes, jamais elle n'en eut conçû le dessein, & si elle ne se fût fait violence pour répondre à ce bon mouvement, & pour vaincre diverses difficultez qui se presentoient, jamais elle ne fût parvenuë à la santé. Une femme moribonde, attenuée, épuisée, immonde & prophane par la Loy, aller en plein jour au milieu d'un peuple infini, déclarer une infirmité honteuse, sur tout en ce temps-là, & en demander la guerison? que de courage, de force & de resolution cela ne demandoit-il pas? *gratia præcessit ut illa sanaretur*, dit S. Augustin: d'autant plus, comme observe S. Chrysostôme, qu'elle fut la premiere femme que nous lisons dans l'Evangile avoir eu publiquement recours à nôtre Seigneur: *prima verò hæc mulier publicè accedere ausa est*: il est vrai qu'elle prétendoit cacher & son mal & sa guerison, mais en vain; car elle s'exposoit à tout découvrir, comme il arriva; elle accomplit dés lors cette maxime du Fils de Dieu: Le Royaume des Cieux souffre violence, & il n'y a que ceux qui se font violence qui le ravissent.

Ser. 155. de temp. vet. edit. p. 473.

Hic.

2°. Sa confiance au pouvoir de Jesus-Christ: elle avoit appris qu'il étoit bon à tout le monde, qu'il ne rejettoit personne, pour miserable qu'on fût; elle conſideroit qu'il ſortoit actuellement de la maiſon d'un Publicain, qu'il étoit accompagné de divers pecheurs, & qu'ainſi rien ne devoit, dit S. Chryſoſtôme, la rebuter de ſon deſſein : *perſpexit antea unde Christus exivit, è domo videlicet publicani, & quales eſſent qui eum ſectabantur, nempe peccatores & publicani, à quibus omnibus firmam non dubiam ſpem capiebat* ; qu'il conſoloit & qu'il gueriſſoit indifféremment hommes & femmes, qu'il alloit même actuellement chez le Prince de la Synagogue pour guerir ou reſſuſciter ſa fille, *quoniam fœminas quoque ipſum curare jam audivit, & quoniam ad filiolam Archiſynagogi mortuam proficiſci conſpiciebat*, continuë ce Pere, & ſa confiance alloit juſqu'à dire au-dedans d'elle-même : Si je touche ſeulement l'extremité de ſa robe, je ſerai guerie, je ſerai ſauvée ; *dicebat enim intra ſe, ſi retigero tantum veſtimentum ejus ſalva ero.* Le Prince de la Synagogue exigeoit du Sauveur que pour guerir ſa fille, il vint & qu'il lui impoſât ſa main ſur la tête, afin de lui rendre la ſanté : *Veni, impone manum tuam ſuper eam* ; nôtre malade n'en demandoit pas tant.

3°. Son humilité à n'affecter aucune diſtinction, elle ſe cache parmi la foule, *venit in turba*, elle rougit, elle eſt confuſe du genre de maladie qui l'afflige ; *non liberè atque apertè ad Jeſum acceſſit, propter ægrotationis genus immundam ſe ſpectabat, ac ideo erubeſcebat* : elle ſe regarde comme une immonde, elle ſçait que tout commerce civil & religieux lui étoit interdit : *propterea abdit ſe, atque occultat, quia ægritudo hæc, magna immundities ſecundùm legem judicabatur* ; quoiqu'elle fût une

Dame riche & de qualité, elle n'osa prétendre que le Seigneur vint dans sa maison, ainsi que tant d'autres avoient fait, dequoi le Prince de la Synagogue étoit un exemple present, *& domum quidem suam, quamvis opulenta esset, non est ausa vocare, ad filiolam Archisinagogi mortuam proficisci conspiciebat* : elle ne se presente pas en face à Jesus-Christ, elle vient par derriere, elle ne s'approche qu'en tremblant, *tremens accessit retrò* ; bien éloignée de croire qu'elle mérite qu'il mette la main sur sa tête, comme à tant d'autres, elle se contente de pouvoir toucher seulement le bord de son
Ibid. habit : *si tetigero vestimentum, salva ero* : la Cananée extorqua une guerison miraculeuse de Jesus-Christ, l'Hemorroisse dérobe la sienne, pour s'exprimer avec saint Chrysostome ; *quasi furata sanitatem.*

4°. Sa foi à croire les plus grands mysteres, *cùm audisset de Jesu* : elle ne luy avoit jamais vû faire aucune guerison, elle l'avoit seulement oüi dire ; elle entendit, elle crut, elle accourut : mais elle ne crut pas seulement que Jesus-Christ pût faire des miracles corporels, elle crut qu'il connoissoit les secrets du cœur, sans qu'on les luy manifestât au dehors, & qu'il en exauçoit les desirs les plus cachez, qu'il pouvoit en un moment & par un seul acte de sa volonté, guerir des maladies incurables, & rétablir la nature détruite, & ruinée : & par conséquent qu'il étoit Dieu, qui seul connoît tout, qui seul peut tout, qui seul repare tout : c'est ce que renferment les paroles qu'elle disoit en elle-même : Si je puis seulement toucher l'extremité de son vêtement je serai guerie, *dicebat*

enim

enim intra ſe, ſi tetigero tantùm veſtimentum ejus, ſalva ero; car elle ne crut pas que Jeſus-Chriſt la dût guerir ſans le ſçavoir, ou ſans le vouloir, ainſi qu'une cauſe naturelle qui agit & qui produit ſon effet neceſſairement, comme le feu qui brûle, & qui n'a ni entendement, ni volonté: or ce n'eſt pas, ajoûte Saint Chryſoſtôme, une moindre preuve de la divinité de Jeſus-Chriſt, de connoiſtre un deſir interieur par ſa ſcience, que d'arrêter un ruiſſeau de ſang par ſa volonté: *non eſt minus ſignum ſecreta cordium ſcire, quàm flumina ſanguinis coercere*, l'un & l'autre étant au-deſſus de la nature: enfin elle parut croire que Je-Chriſt étoit le Redempteur du monde, diſant: Si je puis toucher la frange ou l'extremité de ſon vêtement, je ſerai guerie; car c'eſt comme ſi elle diſoit: Si je puis participer au ſacrifice qu'il offrira à l'extrémité de ſa vie, à cette chair déchirée, à ce corps flagellé, à cette humanité dont il s'eſt couvert, ainſi que d'un vêtement précieux pour en faire uneHoſtie de propitiation, & laquelle eſt comme couronnée, finie, perfectionnée par la Divinité, je ſerai ſauvée, *ſalva ero*: combien ſa foi ſurpaſſoit-elle la foy des autres dont-il eſt parlé dans l'Evangile? le Prince de la Synagogue preſſe Jeſus-Chrſt de venir en ſa maiſon, *veni*: il le conjure d'impoſer ſa main ſur la tête de la malade, pour la guerir; *impone manum tuam ſuper eam, ut ſalva ſit*: les Juifs apprenant la mort de cette fille, diſent au pere de ne plus importuner ce nouveau Prophete, parce que ſa fille n'eſt plus vivante: *mortua eſt filia tua, quid ultra vexas magiſtrum?* comme ſi

Jesus Christ n'eût pu la guerir que present; ou sans une ceremonie exterieure; ou qu'il n'eût pû que la guerir & non la ressusciter, se mocquant de ce qu'il avoit dit qu'elle dormoit. Le Centurion croit que Jesus-Christ absent, & sans entrer chez luy, peut guerir son domestique, il est vrai; mais il veut que Jesus-Christ parle: *dic verbo, & sanabitur puer meus*: telle étoit la disposition imparfaite de Naaman, lorsqu'il vint demander sa guerison à Elizée: Je pensois, disoit-il, que le Prophete sortiroit audevant de moy, qu'il se mettroit en prieres, qu'il invoqueroit son Dieu, qu'il toucheroit de sa main ma lepre & qu'il m'en pu-
4. R. 5. 11. rifieroit: *putabam quòd egrederetur ad me: & stans invocaret nomen Dei sui, & tangeret manu sua locum lepræ, & curaret me.* Telle étoit encore la Sunamite, qui contraignit le même Prophete de venir chez elle, de mettre sa main sur son enfant mort, & de le ressusciter, ne voulant pas croire qu'il pût recouvrer la vie autre-
4. R. 4. 31. ment: *Vivit Dominus, non dimittam te*: rien de semblable dans l'Hemorroïsse, elle vient elle-même trouver le Medecin, avec une pleine confiance de sa guerison, *venit in turba*; elle ne dit pas, selon la remarque de S. Chrysostôme: Serai-je guerie si je touche sa robe, ou ne le serai-je pas? *non hæsitavit, nec dixit, liberabor ne hac ægritudine si vestem tetigero, an non? sed non dubitans sanitatem, se ab hujusmodi tactu consecuturam accessit*; elle n'hesite pas là-dessus, elle dit affirmativement, Je serai guerie; elle ne demande ni visite, ni ceremonie, ni parole exterieure: *Si tetigero tantùm vestimentum ejus, salva ero*; elle s'étoit appauvrie donnant

ſon bien aux Medecins, ſans quoy ils ſe ſeroient appauvris eux-mêmes, luy donnant pour rien leurs medicamens, leur induſtrie, leur peine & leur temps : icy elle demande gratuitement, perſuadée que de ce celeſte Medecin, s'écouloit ſans ceſſe une vertu de vie & de ſanté qui gueriſſoit en un inſtant, *confeſtim*, & qui ne tariſſoit point en ſe répandant : *Virtus de illo exibat & ſanabat omnes*, & qu'il falloit une ſource de juſtice, pour deſſecher une ſource de corruption ; *ſiccatus eſt fons ſanguinis ejus* : ſemblable aux rayons qui émanent inépuiſablement du Soleil, ſans diminution de ſa lumiere, *gratia proceſſit, ut illa ſanaretur, non ut ille minueretur*, dit S. Auguſtin : il eſt vrai qu'elle voulut toucher ; mais toucher & croire étoit en elle la même choſe, le premier n'étant qu'un ſigne du ſecond : *tetigiſſe eſt credidiſſe*, continuë S. Auguſtin : Quelqu'un m'a touché, diſoit le Sauveur ? quoy tout le monde vous preſſe & vous accable, Seigneur, répondit S. Pierre, & vous dites, quelqu'un m'a touché ? *turbæ te comprimunt & dicis, quis me tetigit ?* S. Pierre parlant ainſi, parut entendre raiſon, mais ne pas entendre le myſtere, dit S. Gregoire le Grand ; *Petrus ratiocinando reſpondit* : car c'eſt comme s'il eût dit au Sauveur : Pluſieurs perſonnes vous preſſent, & vous dites qu'une ſeule perſonne vous touche ? *premunt te turbæ, & tu unam ſenſiſti ?* comment accorder cela ? cet Apôtre, encore homme, étoit au milieu du peuple, il avoit des penſées populaires ; il s'arrêtoit à l'exterieur, & ne penetroit pas l'interieur : il ne penſoit pas que pluſieurs preſſoient Jeſus-Chriſt

Serm. 155. de temp. ſupra.

Moral. 3. in c. 2. n. 10. p. 88.

corporellement, & étoient éloignez de lui spirituellement: *premunt, & longè sunt, turba premit & non tangit*, continuë S. Gregoire; ainsi plusieurs le pressent, une le touche; *turbæ premebant, una tetigit:* la troupe le presse & ne le touche pas, la malade le touche, & ne le presse pas: *cum fide tetigit*, dit S. Chrysostôme, *illæ premunt, ista tetigit:* les Juifs representez par ces peuples le pressent selon la chair, l'Eglise fidelle dont l'Hemorroisse est l'image, le touche selon l'esprit: *Judæi affligunt, Ecclesia credidit:* les Juifs incredules, quoy qu'ils voyent de leurs yeux la guerison de l'Hemorroisse, & que le Sauveur leur dise: Ne craignez point, croyez seulement, & cette fille sera sauvée: *noli timere, crede tantùm, & salva erit*; ne peuvent encore croire que Jesus-Christ ressuscitera la fille du Prince de leur Synagogue; *mortua est filia, quid ultra vexas magistrum?* L'Hemorroisse ne voit aucun miracle, on ne luy donne aucune assurance, & elle croit; ainsi la foy de l'Hemorroisse fut plus excellente que celle du Prince de la Synagogue, que celle du Centurion même si loüé pour sa foy, que celle du peuple Juif; elle sent même en elle quelque chose de plus élevé que ne sentoit S. Pierre en cette occasion: pourquoi donc s'étonner si Jesus-Christ l'appelle sa fille, & s'il luy dit que sa foy l'a sauvée? *confide, filia, fides tua te salvam fecit.* Que dire de sa prudence à se prévaloir du temps, du lieu, de l'occasion, lorsque le Sauveur avoit les mains ouvertes sur les pecheurs, sur les malades, sur les affligez? il sortoit de la maison des publicains édifiez, il étoit accompagné des pauvres

Moral. 20. in c. 30. n. 43. p. 657.

rassasiez, des infirmes gueris, des pecheurs convertis, des peuples instruits, il alloit pour ressusciter une défunte, il marchoit dans le Chemin public, où il étoit aisé de l'aborder, & de se mêler dans la foule sans que cela parût, comme l'Hemorroïsse desiroit : *& surgens Jesus abiit cum illo, & sequebatur eum turba multa, & discipuli ejus, & contigit dum iret, à turbis comprimebatur, & ecce mulier.* Que ceux qui sont infectez du peché d'habitude imitent les vertus de cette pieuse & prudente malade, s'ils veulent guerir comme elle : qu'ils ayent une foy vive en Jesus-Christ, comme en leur unique Medecin, qui seul peut fermer leurs playes, & arrêter le débordement de leurs vices : qu'ils ne laissent pas échaper les momens heureux du Sauveur qui passe par ses illustrations, ni attiedir en eux les bons desirs dont il les prévient par ses inspirations ; cette femme, dit saint Ambroise, qui souffroit une perte de sang, n'a pas sitôt mis son esperance en Jesus-Christ, qu'elle a été guerie ; mais elle n'a été guerie que parce qu'elle a esté fidelle : *speravit in eo illa quæ fluxu sanguinis laborabat, & continuò sanata est, sed quia fidelis accessit* : si donc vous voulez tarir le flux des voluptez sensuelles, qui comme un torrent bourbeux découlent de vôtre cœur ; touchez avec confiance, foy & devotion la frange des vêtemens du Sauveur, & recevez en vous la vertu qui en découlera ; *sentio virtutem exisse de me*, & vous serez gueri : *tu cum fide, fila, vel fimbriam ejus attinge : jam sæcularium fluxus voluptatum modo torrentis exundans, verbi salutaris calore, siccabitur ; si cum fide tamen accedas,*

Lib 3. de Virg. fin. p. 493.

si pari devotione divini sermonis extremam saltem fimbriam comprehendas : recourez à un remede proportionné à la grandeur de vôtre mal ; opposez à une source de corruption, une source de justice, *& confestim siccatus est fons sanguinis ejus ;* que vôtre penitence ne soit pas moins exemplaire, que vos desordres ont été publics : donnez gloire à Dieu, & confessez hautement que vous êtes redevable de vôtre guerison à Jesus-Christ, *& dixit omnem veritatem coram omni populo:* ô foy de l'Hemorroïsse, que vous êtes salutaire & forte, s'écrie S. Ambroise ! *ô virtutibus omnibus corporis fides fortior !* vous guerissez des maux que tous les secrets de la Medecine, loin de diminuer, ne font qu'accroître : vous procurez une santé que tous les tresors de la terre ne peuvent acheter : *ô fides Medicis omnibus salutarior :* toucher nôtre Medecin par nos larmes, être regardé de lui par sa grace, c'est un remede que les maux les plus inveterez, & les plus incurables respectent ; c'est un médicament, qui peut procurer une vie que la maladie n'affloiblit plus, & que la mort ne ravit jamais : *passio inveterata, passio immedicabilis, quæ & artis omnem vicerat excogitationem, & pecuniarum subministrationem, solo fimbriæ curatur attactu.*

Telles sont les excellentes dispositions de l'Hemorroïsse.

1°. Elle est docile aux premiers mouvemens de la grace, elle obeït si-tôt qu'elle entend : *cùm audisset de Jesu.* 2°. Elle ne differe pas d'un moment, *venit.* 3° Elle profite de l'occasion, le Sauveur passoit : *& contigit dum iret.* 4°. Elle s'approche avec pudeur, humilité, modestie; *accessit retrò, & tetigit fimbriam vestimenti ejus.* 5°. Elle guerit entierement, & sur le champ, *& confestim stetit fluxus.* 6°. Elle arrête Jesus-Christ qui marchoit: *& Jesus conversus ad turbam*, & elle l'oblige de jetter les yeux sur elle & de lui parler: *at ipse videns eam dixit ei.* 7°. Elle est saisie de crainte & de respect en le voyant: *timens & tremens cecidit ad pedes ejus.* 8°. Elle confesse entierement toutes ses infirmitez, *& dixit ei omnem veritatem.* 9°. Elle édifie le public, *indicavit coram omni populo*; sa pudeur parut en abordant le Sauveur, sa religion en le touchant: *in adeundo servanda verecundia, in fide imitanda devotio*, dit encore S. Ambroise: & sans doute que ce fut elle qui mit cette devotion en usage: car nous voyons ensuite que plusieurs personnes se jettoient en foule pour toucher la frange des habits du Sauveur, afin d'être gueris de leurs infirmitez: *obtulerunt ei omnes male habentes, & rogabant eum ut vel fimbriam vestimenti tangerent, & quicumque tetigerunt salvi facti sunt*: elle rougit d'être obligée de faire voir son visage, elle ne rougit pas de déclarer sa misere: *quæ videri erubescebat, vitium non erubuit confiteri*, ajoûte ce Pere: pas un mot en tout cela qui ne merite sa reflexion, & qui ne convienne parfaitement & aux dispositions admirables de l'Eglise des Nations lors de sa vocation à la foi, & à celles que doit avoir un pecheur d'habitude, lorsque le Seigneur l'appelle à la penitence: mais sur tout imitez sa foi dans vos maux, ainsi que que fit sainte Gorgonie, laquelle au rapport de saint Gregoire de Nazianze son frere, obtint une pareille

Matt. 14. 35. Marc. 6. 36.

grace du Seigneur ; car ni l'habileté des Medecins, ni les larmes de ses parens, ni les prieres de tout le peuple, ne lui procurant aucun soulagement : *nec medicorum artes, nec parentum lacrymæ, nec publicæ preces*; elle recourut au souverain Medecin des mortels : *desperatis omnibus aliis auxiliis, ad mortalium omnium medicum confugit* : la violence du mal luy ayant donné un moment de relâche, *cùm morbus nonnihil remisisset*; elle se leve pendant le silence de la nuit, elle va se prosterner devant l'autel, *ad altare cum fide procumbit*; & invoquant à hauts cris celui qui est honoré dessus, *eumque qui super ipso honoratur cum ingenti clamore invocans*, elle luy represente toutes les grandes merveilles que sa bonté avoit operez dans la suite des siecles, elle imite cette celebre Hemorroisse de l'Evangile, guerie par le seul attouchement de la frange du Seigneur ; *eam quæ Christi fimbria sanguinis profluvium compresserat imitatur*; elle repose sa tête qui lui faisoit tant de douleur, tout joignant l'autel, elle pleure, elle gemit, elle proteste qu'elle ne partira pas de là, qu'elle n'ait obtenu la santé : *non dimissuram quàm sanitatem obtinuisset*; ensuite mêlant l'eau de ses larmes avec ce qu'elle avoit pû reserver des antytipes du précieux corps & du sang du Seigneur, ô merveille ! elle est guerie sur le champ : *& si quid uspiam antytiporum pretiosi Corporis & sanguinis manus recondiderat, id lacrymis admiscuisset, ô rem admirandam ! statim liberatam se morbo sentit.*

Enfin imitez la reconnoissance de l'Hemorroisse ; car quoique plusieurs personnes eussent reçû des bien-faits bien-faits infinis du Seigneur, comme l'aveugle né, la Madeleine, le Prince de Capharnaum, le Centenier, le fils de la veuve de Naim, le Lazare, nous ne liſons point qu'aucun d'eux ait laiſſé des marques de ſa gratitude à la poſterité, ſinon l'Hemorroiſſe, dont l'hiſtoire nous a conſervé le précieux ſouvenir: Voici ce qu'Euſebe Evêque de Ceſarée en rapporte.

Et parce que, dit cet Auteur, *j'ai occaſion de parler de la ville de Paneade, ou Ceſarée de Philippe pres la ſource du Jourdain, je ne crois pas devoir omettre une choſe fort remarquable qui s'y voit: La femme que le Sauveur guerit autrefois du flux de ſang, en étoit: on y montre encore ſa maiſon, & devant la porte un monument de ſa gueriſon, & de ſa reconnoiſſance: c'eſt une colonne de pierre, qui ſoûtient deux ſtatuës de bronze, l'une eſt d'une femme qui prie à genoux, & les mains étenduës; l'autre eſt du Sauveur qui eſt debout, vêtu d'une longue robe, & qui tend la main à cette femme; à ſes pieds croît une plante inconnuë qui s'éleve juſqu'à la frange de ſa robe, & qui guerit de toute ſorte de maladies: j'ai vû moi-même cette ſtatuë.* A ce recit d'Euſebe, qui écrivoit vers l'an 325. il eſt à propos de joindre celui de Sozomene qui vers l'an 362. rapporte le ſort de cette ſtatuë, & le témoignage que le Sauveur donna de ſon amour envers ce monument de la reconnoiſſance de cette pieuſe femme. Voici les termes de Sozomene.

Euſeb. l. 7. c. 17.

Parmi tant d'évenemens remarquables du regne de Julien l'Apoſtat, je n'en dois pas oublier un, qui n'eſt pas une preuve moins ſenſible de la puiſſance du Sauveur, que de ſa colere contre ce malheureux Prince: L'Empereur Julien ayant ap-

L. 5. c. 21.

pris qu'il y avoit dans la ville de Cesarée de Philippe en Phenicie, qu'on appelle Paneade, une statuë insigne de Jesus-Christ, laquelle lui avoit été érigée, & dediée par la reconnoissance d'une femme que ce divin Sauveur avoit guerie d'une perte de sang, dont-il est parlé dans l'Evangile, ce Prince impie la fit abattre, & fit mettre la sienne en sa place; mais à l'heure même le feu du Ciel tomba sur cette statuë de Julien, avec une extrême violence, la coupa par le milieu de la poitrine, en jetta la tête avec le cou contre terre, la tournant du côté du cœur; on la voit encore aujourd'hui noircie de ce coup de foudre, & pour celle du Sauveur qui fut rompuë, les Fideles la raccommoderent, & la placerent dans l'Eglise, où on la voit encore à present.

FIN.

Juillet 1707.

www.ingramcontent.com/pod-product-compliance
Ingram Content Group UK Ltd.
Pitfield, Milton Keynes, MK11 3LW, UK
UKHW022149170726
13837UKWH00004B/1879

9 782329 557731